6 novembre 1911

VENTE

Du Lundi 6 Novembre 1911

HOTEL DROUOT, SALLE N° 11

A DEUX HEURES

PORCELAINES ANCIENNES

DE LA CHINE

BRONZES, ÉMAUX CLOISONNÉS ANCIENS

MATIÈRES DURES, ÉTOFFES BRODÉES

DE LA CHINE

COMMISSAIRE-PRISEUR

Me F. LAIR-DUBREUIL

EXPERTS

MM. M. PAULME & B. LASQUIN Fils

CATALOGUE

DES

Porcelaines Anciennes

DE LA CHINE

OBJETS D'ART D'EXTRÊME-ORIENT

Bronzes, Émaux cloisonnés

JADES, CRISTAUX DE ROCHE, Etc.

ÉTOFFES BRODÉES CHINOISES

Dont la Vente aura lieu

HOTEL DROUOT, SALLE N° 11

LE LUNDI 6 NOVEMBRE 1911

à deux heures

COMMISSAIRE-PRISEUR	EXPERTS
Me F. LAIR-DUBREUIL	MM. PAULME et B. LASQUIN FILS
6, rue Favart	10, r. Chauchat | 11, r. de la Grange-Batelière

---

EXPOSITION PUBLIQUE

Le Dimanche 5 Novembre 1911, salle n° 11, de 2 h. à 6 h,

CONDITIONS DE LA VENTE

Elle sera faite au comptant.

Les adjudicataires paieront *dix pour cent* en sus des enchères.

L'exposition mettant le public à même de se rendre compte de l'état et de la nature des objets, aucune réclamation ne sera admise une fois l'adjudication prononcée.

Paris. — Imp. de l'Art, Ch. Berger, 41, rue de la Victoire.

DÉSIGNATION

PORCELAINES, CÉRAMIQUES

DE LA CHINE ET DU JAPON

1 — Coupe, à quatre compartiments formés d'un assemblage de coquillages, en grès du Japon, décorée en relief de crustacés et branchages émaillés en couleurs.

2 — Plat creux en ancienne terre du Japon émaillée bleu, décor de fleurs en émaux blancs.

3 — Statuette de Bouddha assis en ancienne terre du Japon émaillée brune. Socle en palissandre.

4 — Plat rond et creux en ancienne porcelaine du Japon, décor de caractères et pagodes en vert et rouge.

5 — Petit écran en ancienne faïence de Satzuma, fond brun, décor sur un côté de six réserves et au revers de bandes avec inscriptions.

6 — Jardinière rectangulaire en ancienne porcelaine du Japon, décor polychromé à fleurs.

7 — Vase ovoïde à très long col en terre émaillée en gris craquelé et décoré en relief de personnages et signes symboliques. Attribué à l'époque Sung.

8 — Paire de vases à grosse panse et col rétréci en terre vernissée. Attribués à l'époque Sung.

9 — Paire de vases-balustres, forme aplatie, à anses têtes d'éléphant, en porcelaine, gris truité de Chine.

10 — Paire de vases, de forme turbinée et hexagonale, en porcelaine de Chine craquelée, bleu turquoise.

11 — Vase, de forme piriforme, en céladon bleu turquoise. Socle en bois noir ajouré.

12 — Bouteille en ancienne porcelaine de Chine émaillée rouge. Socle en bois noir.

13 — Groupe en ancienne porcelaine de Chine, décoré en émaux de couleurs : Enfant assis sur une grenouille.

14 — Petite statuette de Bouddha en biscuit émaillé aux trois couleurs.

15 — Petit vase forme gourde, noué, à trois ouvertures, en ancien céladon vert truité et moucheté de couleurs.

16 — Socle en bois de fer, le dessus formé d'une plaque ronde en ancienne porcelaine de Chine, fond aubergine, décor à fleurs en émaux de couleurs. Epoque Kien-lung.

17 — Vase, de forme piriforme, en porcelaine de Chine fond rouge corail, décoré sur la panse d'une bande circulaire avec paysages maritimes en bleu sur blanc, et de deux bandes superposées à lambrequin en relief, feuillage en bleu et blanc.

18 — Petit vase en ancienne porcelaine de Chine, décor en émaux de couleur : coqs et fleurs.

19 — Petit vase en ancienne porcelaine de Chine, décor de fleurs en émaux de couleurs.

20 — Pot cylindrique en ancien céladon gris craquelé de Chine, une saillie en relief.

21 — Brûle-parfum en ancien blanc de Chine à couvercle ajouré, décoré en relief de caractères. Socle en bois noir.

22 — Brûle-parfum en ancien blanc de Chine à deux anses têtes de chimères. Couvercle et socle en bois ajouré.

23 — Statuette de joueuse de flûte en ancien blanc de Chine.

24 — Statuette de divinité ancien blanc de Chine.

25 — Statuette de Kouan-in avec trois enfants en ancien blanc de Chine. Socle de bois noir.

26 — Grand vase à grosse panse, col rétréci et deux anses tuyaux en ancienne porcelaine de Chine, décor bleu : rinceaux de branchages fleuris. Socle en bois noir.

27 — Vase de forme octogonale en ancienne porcelaine de Chine émaillée bleu empois.

28 — Vase à quatre faces, à deux anses becs d'aigles et anneau, en ancienne porcelaine de Chine, décoré de quatre réserves à paysages en émaux de couleurs sur fond marbré en couleurs.

29 — Paire de récipients à eau en forme de théière, simulant une pêche, à anse et bec, en ancienne porcelaine de Chine émaillée vert pomme tachée de rouge.

30 — Flacon à thé à quatre faces en ancienne porcelaine de Chine craquelée, décor marbré en couleurs.

31 — Petit vase en ancienne porcelaine de Chine fond rose, gravé de rinceaux de feuillage et à décor de plantes fleuries en émaux de couleurs. Socle en bois noir.

32 — Vase analogue au précédent, fond bleu empois. Socle en bois noir.

33 — Paire de petits vases-cornets en ancienne porcelaine de Chine, décorés de fleurs et réserves en émaux de couleurs sur fond vert marbré. Socles en bois noir.

34 — Petite vasque en ancienne porcelaine de Chine, décor bleu : fleurs détachées et papillons.

35 — Cache-pot sphérique en ancienne porcelaine de Chine, côtelé, à décor de réserves, dragon et lambrequin en bleu et brun.

36 — Statuette de Cheou-lao assise sur un axis, sur socle rectangulaire en ancien grés émailllé aubergine, bleu turquoise et jaune.

37 — Groupe formé de figures contre un rocher en ancien grès émaillé aux trois couleurs. Socle e. bois noir.

38 — Pyramide de nèfles en ancien céladon de Chine émaillé en couleurs. Socle en bois noir.

39 — Chimère en ancien céladon de Chine émaillé aux trois couleurs, fond vert.

40 — Chimère analogue à la précédente, émaillé aux trois couleurs, fond jaune.

41 — Plat en ancienne porcelaine de Chine, décor de fleurs, oiseaux et emblèmes en émaux de couleur de la famille verte.

42 — Plat faisant pendant au précédent.

43 — Vase-rouleau en porcelaine de Chine, fond jaune, décoré de dragons en bleu. Socle en bois noir.

44 — Pot de forme ovoïde en ancienne porcelaine de Chine, décor de personnages en émaux de couleurs. Couvercle et socle en bois noir.

45 — Vase-lancel en ancienne porcelaine de Chine, décorée en bleu : arbustes fleuris, oiseaux et rochers. Socle en bois noir.

46 — Jardinière de forme octogonale à bord rabattu en ancienne porcelaine de Chine fond rouge corail, décorée de petites réserves rondes, à fleurs en émaux de couleurs. Socle en bois noir.

47 — Vase ovoïde en ancienne porcelaine de Chine, décor de branchages de pivoines en bleu et rouge brun. Socle en bois noir.

48 — Paire de vases, à deux anses têtes de chien, en ancienne porcelaine de Chine émaillée aubergine. Socle en bois noir.

49 — Pot ovoïde, à gingembre, en ancienne porcelaine de Chine, décoré de pivoines, phénix et insectes en émaux de couleurs de la famille rose. Socle en bois noir.

50 — Boîte de forme sphérique et aplatie en

ancienne porcelaine de Chine, décorée en rouge de cuivre; de dragons dans les flammes.

51 — Boîte sphérique à compartiment et formant drageoir, en ancienne porcelaine de Chine fond rouge corail, rehaussé d'or et décoré d'une réserve à personnages en émaux de couleurs. Socle en bois noir.

52 — Vase carré en ancienne porcelaine de Chine, décoré de paysages en émaux de couleurs.

53 — Petite potiche en ancienne porcelaine de Chine, décorée de fleurs de prunier, réserves en blanc sur fond caillouté bleu. Couvercle et socle en bois noir.

54 — Bas de cornet en ancienne porcelaine de Chine, décoré en émaux de couleur : branchages de pivoines et fong-hoang.

55 — Pitong en ancienne porcelaine de Chine, décor bleu : sujet à scène d'intérieur. Socle en bois noir.

56 — Pot de forme ovoïde en ancienne porcelaine de Chine, décor bleu à personnage symbolique. Couvercle et socle en bois noir.

57 — Bas de cornet en ancienne porcelaine de Chine, décor bleu : enfants et femmes. Couvercle et socle en bois noir.

58 — Potiche couverte en ancienne porcelaine de Chine, décorée de rinceaux de feuillages, fleurs de pivoines en rouge de fer et émaux de couleurs avec rehauts de dorure. Socle en bois noir.

59 — Vase-lancel en ancienne porcelaine de Chine, décor bleu : cortège de mandarins. Socle en bois noir.

60 — Jardinière à anse en ancienne porcelaine de Chine, décor de paysage maritime en bleu. Couvercle et socle en bois noir.

61 — Vase à quatre faces à anses en ancienne porcelaine de Chine, décoré de fleurs en émaux de couleurs et réserve sur fond de hachure et nuage vert d'eau.

62 — Vase formé de deux vases carrés accouplés, à anses têtes d'éléphants, en ancienne porcelaine de Chine fond vert d'eau, décor de fleurs et papillons en émaux de couleurs.

63 — Paire de cloches en ancienne porcelaine de Chine émaillée bleu empois. Socles en bois de fer formant supports.

64 — Vase carré ou pot à thé en ancienne por-

celaine de Chine, décoré en bleu : têtes de dragons dans les nuages. Socle en bois noir.

65 — Paire de petites potiches, forme balustre, en ancienne porcelaine de Chine fond vert d'eau, gravé de feuillages et décoré en émaux de couleurs de fleurs et fong-hang.

66 — Petit vase ovoïde en ancienne porcelaine de Chine bleu pâle, gravé de rinceaux de feuillages, décoré d'une branche de fleurs en couleurs.

67 — Petit vase couvert, à renflement médian et bord évasé, en ancienne porcelaine de Chine, décor bleu : carrelages, têtes de chimères et grandes palmes.

68 — Pot à gingembre en ancienne porcelaine de Chine bleu empois, décor de fleurs détachées et papillons en émaux de couleurs.

69 — Vase-cornet, à renflement médian et col évasé, en ancienne porcelaine de Chine, décor bleu de paysage maritime. Epoque Kang-hi.

70 — Grand vase à anse en ancienne porcelaine de Chine bleu lavande, gravée sous couverte de grecques et décoré de quatre réserves de fleurs en couleurs.

71 — Petit vase, à col évasé et bord relevé, en ancienne porcelaine de Chine, décor de paysage dessiné, rehaussé d'émaux de couleurs. Epoque Kien-lung.

72 — Vase-boule en ancienne porcelaine de Chine, à décor de fleurs en couleurs. Epoque Ming. Couvercle en bois noir ajouré.

73 — Cache-pot ou jardinière en ancien céladon côtelé émaillé bleu.

74 — Paire de pots à gingembre en ancienne porcelaine de Chine, décor de fleurs de prunier et réserves d'ustensiles sur fond bleu marbré. Couvercles et socles en bois noir. Epoque Khang-hy.

75 — Vase-balustre, à long col évasé, en ancienne porcelaine de Chine gaufrée, décoré en bleu d'une scène à nombreux personnages. Socle en bois noir.

76 — Vase-rouleau en ancienne porcelaine de Chine, décor bleu : guerriers dans un paysage. Socle en bois noir ajouré.

77 — Grosse bouteille en ancien céladon de Chine vert pomme, décorée de deux dra-

gons en relief en blanc et bleu. Socle en bois noir ajouré.

78 — Pitong en ancienne porcelaine de Chine, décor de fongs-hoangs en émaux de couleurs. Socle en bois noir.

79 — Vase ovoïde, à col évasé, en ancienne porcelaine de Chine fond rouge corail, chargé de branchages en dorure et décoré de deux grandes réserves : paysages et figures en émaux de couleurs. Socle en bois noir.

80 — Vase, de forme turbinée à petit col, en ancienne porcelaine de Chine, décor en couleurs, rinceaux de feuillages fleuris et chimères. Socle en bois noir.

81 — Pitong en ancienne porcelaine de Chine, décor bleu : apparition de personnages diaboliques dans les flammes. Socle en bois noir.

82 — Vase à deux anses sceptres en ancien céladon de Chine vert clair, décor de bandes et lambrequins fond bleu à fleurettes rouge-brun. Socle en bois noir.

83 — Vase-balustre à bord relevé en ancienne porcelaine de Chine, décor de paysage mon-

tagneux en émaux de couleurs. Socle en bois noir.

84 — Pot à gingembre en ancienne porcelaine de Chine, à décor de fleurs et papillons en émaux de couleurs. Couvercle en bois noir ajouré.

85 — Potiche en ancienne porcelaine de Chine, décorée en couleurs de quatre réserves de fleurs et carpes, sur fond à carrelage de feuillages en rouge. Epoque Ming. Couvercle en bois noir.

86 — Vase-rouleau en ancienne porcelaine de Chine, décoré en émaux de couleurs d'une scène de trois personnages et d'ustensiles. Epoque Kien-lung.

87 — Grand vase en ancienne porcelaine de Chine, décoré en émaux de couleurs sur la panse et au col d'une réception et d'une offrande à nombreuses figures.

88 — Vase en ancienne porcelaine de Chine, décor en couleurs : réunion de riches personnages occupés à diverses distractions. Socle en bois noir.

89 — Vase-balustre à bord relevé en ancienne porcelaine de Chine, décor en émaux de couleurs : paysage et pagodes. Socle en bois noir.

90 — Vase-cornet à renflement médian en ancien céladon vert pomme, décor légèrement en relief en bleu, blanc et rouge de cuivre : paysage et animaux. Socle en bois noir.

91 — Vase-lancel en ancienne porcelaine de Chine, à rinceaux de feuillages gravés sous couverte, décoré de figures de savants et caractères en bleu et brun. Epoque Khang-hy, manque à la feuille. Socle en bois noir.

92 — Vase à deux anses papillons en ancienne porcelaine de Chine, décor de paysage maritime en bleu et rouge. Socle en bois noir.

93 — Vase cylindrique en ancienne porcelaine de Chine, décoré de relief en émaux de couleurs d'ustensiles divers et vases de fleurs. Socle en bois noir.

94 — Vase-lancel en ancienne porcelaine de Chine, décor bleu : arbustes fleuris, rochers et oiseaux. Socle en bois noir.

95 — Potiche en ancienne porcelaine de Chine, décorée en couleurs de chevaux et signes symboliques et fleurs sur fond de nuages. Couvercle et socle en bois noir.

96 — Paire de potiches forme balustre en ancienne porcelaine de Chine, décor bleu: fleurs et fong-hoang, cols à lambrequin, bases à grecques. Couvercle et socle en bois noir.

97 — Potiche en ancienne porcelaine de Chine, décor bleu: paysage montagneux avec animaux, oiseaux et cèdres. Couvercle et socle en bois noir.

98 — Vase à col évasé à deux anses en ancienne porcelaine émaillée jaune, décor en relief et couleurs : palmes et lambrequins. Socle en bois noir.

99 — Petit vase-rouleau en ancienne porcelaine de Chine, décor de paysage en trois couleurs. Socle en bois noir.

MATIÈRES DURES

DE LA CHINE

100 — Lot de dix petites pièces en jade et cristal de roche. (Sera divisé.)

101 — Coupe forme de bateau, avec personnage assis, en jade blanc gravé.

102 — Statuette d'homme tenant une boîte, en jade blanc gravé. Socle en bois de fer.

103 — Vase formé d'une carpe sautant et enfeuillagé en jade ajouré et gravé.

104 — Coupe ronde à deux anses en matière dure jaunâtre.

105 — Petite coupe feuille de lotus en jade vert veiné et gravé.

106 — Petite coupe feuillages de raisin et mulots en jade blanc ajouré et gravé.

107 — Fruit enfeuillagé en jade blanc gravé en relief.

108 — Petite coupe en jade blanc gravé à jour. Socle en bois de fer ajouré à grecques.

109 — Manche d'ombrelle en jade blanc en forme de tube gravé en relief de dragons. Socle en bois de fer.

110 — Petit chien en agate, tenant un poisson dans sa gueule.

111 — Petit animal chimérique en cristal de roche.

112 — Petit vase forme aplatie, avec couronne et deux vases têtes d'éléphants, en cristal de roche gravé.

113 — Vase couvert forme aplatie, à deux anses têtes d'éléphants et anneaux, en cristal de roche gravé en relief de fruits et feuillages.

114 — Boîte rectangulaire à trois compartiments en cristal de roche gravé. Sur socle en bois de fer.

115 — Statuette de divinité assise auprès d'un oxis en cristal de roche fumé.

116 — Paire de bols en jade vert marbré. Sur socle en bois noir ajouré.

117 — Vase quadrilobé ou jade, orné de branchages, figure, et ibis en relief et ajouré. Socle en bois ajouré et gaine.

118 — Grande boîte cylindrique en jade vert, le couvercle ajouré imitant la dentelle. Socle en bois de fer.

119 — Théière en jade à anse et couvercle, la base formée d'un oiseau sculpté à jour et gravé.

120 — Vase rectangulaire de forme aplatie, à deux anses ajourées formées de caractère, en jade blanc gravé.

121 — Groupe de trois chèvres en jade blanc, ajouré et gravé. Socle en bois de fer sculpté.

122 — Brûle-parfum, boîte ronde et forme aplatie en jade blanc gravé et ajouré. Socles en bois incrusté.

123 — Vase couvert à deux anses en forme de double losange en jade blanc gravé. Socle en bois noir incrusté.

BRONZE
ÉMAUX CLOISONNÉS
MEUBLES

124 — Brûle-parfum de forme rectangulaire, à couvercle ajouré surmonté d'un chien de Fô, anses salamandres et quatre pieds. Sur socle, en bronze chinois patine claire.

125 — Brûle-parfum en forme de coupe ronde, avec couvercle surmonté d'une statuette diabolique, à deux grandes anses ; il repose sur trois pieds élevés en ancien bronze chinois patine brune, décoré en relief.

126 — Paire de vases à panses sphériques, deux anses papillons et anneaux, en ancien émail cloisonné de la Chine fond bleu turquoise, décoré en couleur : dragon dans les flammes, animaux et palmes.

127 — Grand vase brûle-parfum en ancien émail cloisonné de la Chine fond bleu turquoise, à décor en couleur de dragons ailés; couvercle ajouré, anses et trois pieds têtes d'éléphants en bronze patiné. Socle en bois de fer.

128 — Paire de vases carrés en ancien bronze chinois gravé et patine brune.

129 — Vase de bronze chinois, décoré en relief sur la panse de chimères sur les flots.

130 — Statuette de figure diabolique formant gaine à un coupe-papier en bronze du Japon patine verte.

131 — Huit statuettes de dieu Paschen en ancien bronze doré de la Chine, patine brune. Socle en bois ajouré.

132 — Paire de vases-pitongs forme tronc d'arbre, ornés de branchages fleuris et cavaliers, en ancien bronze chinois. Socles en bois noir.

133 — Brûle-parfums de forme hexagonale, à deux grandes anses et trois pieds-griffes, en ancien bronze patiné et gravé de la Chine. Couvercle en bois noir ajouré.

134 — Coupe ovale en ancien bronze gravé et patiné de la Chine. Couvercle en bois ajouré.

135 — Meuble-étagère en palissandre sculpté à jour, de feuillages et branches de bambou. Style chinois.

ÉTOFFES BRODÉES

136 — Panneau en satin couleur rouge brodé en relief et en couleurs de figures mythologiques. Travail japonais.

137 — Paire de portières en satin bleu ciel, brodées de soies de couleur, à ustensile, vases de fleurs, tables, etc. Travail chinois ancien.

138 — Panneau en satin rouge brodé de soies de couleurs, d'un groupe à trois figures et du dieu de la longévité. Travail chinois.

139 — Panneau en satin noir brodé de soies de couleurs de dragons dans les flammes. Travail chinois.

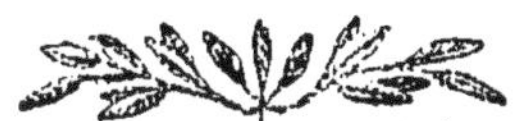

www.ingramcontent.com/pod-product-compliance
Ingram Content Group UK Ltd.
Pitfield, Milton Keynes, MK11 3LW, UK
UKHW020539180726
13839UKWH00006B/2597

9 782329 537283